爸妈带我看1

懂旅行更懂少年

普罗旺斯
·蓝色海岸

［法］让－米歇尔·比尤德 著 肖颖 译

长江出版传媒｜崇文书局

On Children

Gibran

Your children are not your children.
They are the sons and daughters of life's longing for itself.
They come through you but not from you,
And though they are with you, yet they belong not to you.

You may give them your love but not your thoughts.
For they have their own thoughts.
You may house their bodies but not their souls.
For their souls dwell in the house of tomorrow,
Which you cannot visit, not even in your dreams.
You may strive to be like them,
But seek not to make them like you,
For life goes not backward nor tarries with yesterday.

You are the bows from which your children,
As living arrows are sent forth.
The archer sees the mark upon the path of the infinite,
And he bends you with his might,
That his arrows may go swift and far.
Let your bending in the archer's hand be for gladness;
For even as he loves the arrow that flies.
So he loves also the bow that is stable.

致孩子

冰心 译

你们的孩子，并不是你们的孩子，
乃是"生命"为自己所渴望的儿女。
他们是借你们而来，却不是自你们而来，
他们虽和你们同在，却不属于你们。

你们可以给他们以爱，却不可给他们以思想，
因为他们有自己的思想。
你们可以荫庇他们的身体，却不能荫庇他们的灵魂，
因为他们的灵魂，是住在"明日"的宅中，
那是你们在梦中也不能相见的。
你们可以努力去接近他们，却不能使他们来像你们，
因为生命是不会倒行的，也不与昨日一同停留。

你们是弓，你们的孩子是从弦上发出的生命的箭矢，
那射者在无穷之中看定目标，也用神力将你们引满，
使他射出的箭矢又快又远。
让你们在射者手中的"弯曲"成为喜乐吧；
因为他爱那飞出的箭，也爱了那静止的弓。

身份 信息卡

> 我的名字：

> 我今年　　　岁，我的班级：

> 我的旅行日期是：

> 我和谁一起旅行：

阿历克斯和玛雅

画一张你的
自画像或者
贴一张你的
照片！

旅行前必知

- **普罗旺斯** (Provence)
  阿维尼翁（Avignon）
  奥朗日（Orange）
  圣雷米（St Rémy de Provence）
  尼姆（Nîmes）
  阿尔勒（Arles）
  马赛（Marseille）
  艾克斯（Aix-en-Provence）

- **蓝色海岸** (Côte d'Azur)
  尼斯（Nice）
  芝通（Menton）
  伊兹（Eze）
  卡涅（Cagnes-sur-Mer）
  圣保罗（St-Paul）
  戛纳（Cannes）
  昂蒂布（Antibes）
  比奥（Biot）
  格拉斯（Grasse）
  圣特罗佩（Saint-Tropez）
  摩纳哥（Monaco）

普罗旺斯有：

➢ **500** 万居民

➢ **3** 个国家级公园（总共 **9** 个）

➢ **10000** 头公牛

➢ **135** 个游艇停泊港

目录

旅行指南

特色游玩路线

<section><section>## 49

61

趣味游戏

旅行记事本

71

第100页的索引能帮助你快速找到最喜欢的地方。

102～103页的建议帮你成为一名真正的环保旅行者。

</section></section>

旅行指南

碧海蓝天

地中海，就像一条长长的蓝色床单，盖住了整个普罗旺斯南部。

❯ 蓝色海岸

从马赛（Marseille）到意大利边境的沿海地区，一路都是金色的海滩和漂亮的港口。其中，最有名的要数一个叫圣特罗佩（Saint-Tropez）的小渔港。冬天，圣特罗佩很冷清，但是夏天一到，度假的人们便蜂拥而至，这是因为法国大明星碧姬·芭铎（Brigitte Bardot）曾光顾过这里。你看到很多停在港口的小渔船了吗？马赛人把它们叫作平底渔船，因为船身前后都是细长条的形状！

❯ 黄金岛

你知道为什么勒旺岛（îles du Le-vant）、克罗港岛（île de Port-Cros）、波克罗勒岛（île de Porquerolles）都那么美吗？听一听这个流传在普罗旺斯的传说吧！很久以前，有四个美丽的公主在地中海的耶尔海湾（Hyères）洗澡，不料遭遇海盗劫持，于是她们变成了四座小岛——像童话里的公主那样美的小岛！

❯ 马赛周边的岛

你看到马赛外海上的那些白色的大颗斑点了吗？那是一些小岛，它们组成了弗留利群岛（îles Frioul）。有些岛屿曾是海盗们的根据地，有些岛屿上则建有堡垒，用来保护城市或者关押囚犯，比如伊夫岛上的伊夫城堡，就因为大仲马（Alexandre Dumas）的小说《基督山伯爵》而闻名世界。

聚焦 小海湾

马赛附近，有十几个大的钙质悬崖，它们像一个个巨型的阶梯延伸到海里：这就是小海湾。在这些水湾里，大海好像流入了地平面，让沿海地带呈现一种切割的形状。小海湾大多分布在地中海周围，马赛附近的小海湾位于马赛和卡西斯之间，总面积达20公里，它的最高点是海拔565米高的普吉山。有时人们为了去那些地处小海湾中心的沙滩，必须顶着大太阳走好几个小时。不过非常值得哦！因为那里的海水清澈见底，颜色也非常美！如果这些高耸的悬崖让你有攀登的冲动，那就不要犹豫啦！要知道，这些小海湾早已被公认为是法国最漂亮的攀岩高地之一。

你知道吗? 马赛的渔民们非常迷信：为了保证他们的渔船足够坚固，造渔船的树木必须生长在同一片松树林里，而且只能在吹米斯特拉尔风的时候砍伐树木！

---- 玩一玩 ----

• **游览伊夫城堡（Château d'If）**，它是弗朗索瓦一世下令建造的堡垒。要去那里，需要在马赛港口坐船。

📞 04 91 59 02 30
🌐 http://if.monuments-nationaux.fr

香气扑鼻的 山谷

如果你漫步在普罗旺斯的山谷里，一定要睁大眼睛，也别忘了深呼吸哦。

❯ 灌木丛

你发现了吗，山谷里没有参天大树，到处长着厚厚的、耐旱的灌木丛和各种草类植物。所以，当你在普罗旺斯的山谷里漫步时，你能看到大片灌木丛！

❯ 遍地芳香

百里香、迷迭香、风轮菜、刺柏、月桂树，这些带有香味的植物在普罗旺斯的山谷里随处可见！漫步其间，就让眼睛和鼻子好好去感受它们吧！你还可以通过不同的香味来辨别这些植物。普罗旺斯人喜欢用它们煮汤、做菜。

夏天在日晒缺水的情况下，百里香和迷迭香也能长得很好。为什么呢？很简单。因为百里香和迷迭香的叶片表面上布满了细小的白毛，它们能够反射热量，保护植物。

你知道吗? 如果你看到一幢房子前种有大、中、小三棵柏树，不要犹豫，直接进去做客吧。因为这是屋主人在告诉路人：欢迎来我家！

❯ 茴香

这种小株的植物可以让你做的菜肴散发出一股扑鼻的香味。茴香可以生吃，也可以做成沙拉或者煮着吃，无论怎么做都很美味！可在中世纪的时候，茴香却不是用来吃的，人们把它塞到锁孔里，用来驱除鬼怪！

❯❯ 沐浴在阳光中的树木

　　普罗旺斯是树木的天堂。这些树木颜色各异，有白色的，绿色的，棕色的，橘色的，甚至还有彩色的。它们有的用来做家具，有的用来做瓶塞。在田地里，你可以看到很多橄榄树，在阳光的照耀下发出漂亮的银色光芒，这种树代表着和平与财富。在海边和内陆，你能看到大片的松林。

　　沿着树荫散散步，闻一闻空气中弥漫的树脂香味。和其他生长在法国南部的树木一样，松树总是舒展着枝干来吸收阳光，给人们提供美妙的树荫。普罗旺斯人尤其喜欢躺在松树巨大的伞形枝干下休息，确实是很聪明的选择啊！因为相比柏树长长的尖羽毛似的树枝，松树的遮阳效果更好。

灌木丛乍一看像豹子皮：因为它被绿色（的草）和白色（的石头）覆盖着。

📦 **读一读**

● 马瑟·巴纽（Marcel Pagnol）在《爸爸的荣耀》这本书中，讲述了童年时代的他在欧巴涅（Aubagne）和马赛之间的卡尔拉班（Garlaban）山谷生活的故事。

✈ **玩一玩**

● **穿越金色大道：** 在格拉斯（Grasse）和博尔马斯·莱斯·米默萨斯（Bormes-les-Mimosas）之间，有一条长达130千米的金色大道，大道两边长满了含羞草。游览的最佳时间是9月，含羞草开花的季节。

💬 **看一看**

● 参观尼翁市（Nyons）的**橄榄树博物馆**（Musée de l'Olivier），了解橄榄树的种植以及橄榄油的多种功用。

📞 04 75 26 12 12

🌐 www.guideweb.com/musee/olivier

被 太阳眷顾 的地方

夏天晴朗，冬天暖和，普罗旺斯的天气一年四季都让人很舒服……不过，还是要注意米斯特拉尔风！

▶ 太阳神

在普罗旺斯，几乎每天都可以看到太阳。对于这种好天气，有三种解释。第一种是，这个大区地处法国南部；第二种，雨水都被中部的米斯特拉尔风（mistral）吹到别处去了；第三种解释流传最广，米斯特拉尔风驱散了乌云！结果是，这里夏天的温度有时会超过40℃……有时也会突然变冷，跳跃半个季节——夏天变成了春天或秋天。

注意！ 当心头顶上的烈日，记得一定要戴帽子！只要有机会，就潜到水里吧！海里，湖里或者游泳池里，都可以。

▶ 优美的光线！

许多画家爱上普罗旺斯，是因为这里的光线将景色衬托得很美丽。普罗旺斯的天空非常纯净，很多天文工作者喜欢将望远镜安装在这里，以便更好地观察星空。

▶ 能把人吓傻的狂风

哎呀……这是米斯特拉尔风自罗讷河谷带着"坏脾气"来了。这个反复无常的风得名于普罗旺斯语里的"导师"（mistrau）一词。就像面对一名老师，在它咆哮的时候，不要做

太多抵抗，否则你会变傻，换句话说是有点疯。由于这个"小调皮"的性格非常古怪，普罗旺斯人既怕它又喜欢它。是它带来了普罗旺斯的好天气，也是它带动了炼油厂的机翼转动，它还让海上运动者们的帆鼓起来了呢！

❯ 普罗旺斯人的"武器"

居住在地中海沿岸的人们非常聪明。当米斯特拉尔风刮起来的时候，他们就去睡觉！美美地睡个午觉！那些既怕晒又喜欢在自家花园里吃午餐的人，则想到了一个好办法，那就是搭葡萄架。用植物的藤做一个顶，这样他们就可以悠闲地待在阴凉的地方了！

你知道吗？ 人们像对待学生一样也给风打分！风力越强，就越接近12分。在普罗旺斯，米斯特拉尔风经常达到10分！人们甚至计算过它的速度：每小时可以达到250千米。

🎈 玩一玩

• 参观上普罗旺斯天文台（l'Observatoire de Haute-Provence），4月至10月开放。不要错过它巨大的穹顶和1.93米高的望远镜，这是法国唯一可以让参观者自己操作的望远镜。
📞 04 92 70 64 00
📧 www.obs-hp.fr

蓝色的"宝藏"

泉水、喷泉、河流、激流，这些都是普罗旺斯的宝藏。不过，并不是普罗旺斯的所有地区都拥有这些宝藏。

❯❯ 生机勃勃的喷泉

阳光照耀下的广场，水流击打着喷泉上的石头，像在嬉笑……普罗旺斯的村民们一个个走近，聚集在这里，他们每天都在这里聊天，互相打听消息。过去，女人们还喜欢来这里洗衣服，它曾是村子里最重要的地方！

❯❯ 从加尔桥（Pont du Gard）到家用管道

凭借石头做成的巨大桥墩，加尔桥似乎从罗马时期就开始跨越那些河谷了，它看上去又高又大！这个巨大的引水渠把水带给尼姆市（Nîmes）的所有居民。引水渠是个好主意吗？当然，简直太棒了！你知道吗？普罗旺斯人在自己的花园里就做着同样的事情：通过一些小的管道，把附近的水流引到家里灌溉植物。

❯❯ 找水的人

没有水了吗？在法国南部这可不行，因为蔬菜和水果可扛不住这高温的天气，必须赶快给卜测地下水源的人打电话。他会拿着一根像叉子似的卜棒，在花园里寻找水源。如果那个奇怪的工具动起来的话，就意味着找到地下水源了！接下来只需要挖洞了……当然，他的卜棒也不是永远都那么神奇，所以不是每次都能看到地下水喷涌而出！

聚焦 韦尔东峡谷
(Les gorges du Verdon)

来自韦尔东河的水，像一条蓝色的、奇异的蛇弯进这条峡谷壮观的悬崖里。韦尔东大峡谷被誉为欧洲最漂亮的峡谷，有些地方只有6米宽。周围的悬崖有的高达700米，它在沃克吕兹省（Vaucluse）的部分地区形成了许多溶洞。这些溶洞可以进去参观，不过要注意，洞穴深处非常冷，需要穿上足够防寒的衣服！韦尔东峡谷特殊的地形造就了一个独特的生态系统，这里生长着一些罕见的植物，比如一种非常特别的、叫菲特玛·维拉尔斯（Phyteuma villarsii）的紫色的花。你也许有机会看到它，记得千万不要采摘！

《让·德·弗洛雷特》
（Jean de Florette）

你知道这本马瑟·巴纽的经典作品吗？让·德·弗洛雷特，从城市搬到上普罗旺斯的一个小村子里。他想在自己的土地上种植庄稼，但总是找不到水源。因为他的邻居雨果霖和他的老叔叔巴拜，把通往让家的重要水源改道用来灌溉他们自己的庄稼了。顽强的让，为了找到水源，筋疲力尽，一直到死！

玩一玩

● **游览加尔桥。** 尤其是鲁都空间，在那里你可以来一次时光旅行，和水亲近或者观察大自然！

📞 0820 903 330
🌐 www.pontdugard.fr

● **体验各种运动。** 在韦尔东峡谷，你可以划皮艇、远足、攀岩、骑山地自行车等等。
🌐 www.lesgorgesduverdon.fr

看一看

● 《让·德·弗洛雷特》和《泉水玛侬》（Manon des sources）是由克劳德·贝里导演的两部电影，它们都改编自马瑟·巴纽的小说，故事都发生在普罗旺斯的一个小村庄里。

来自土地的
礼物

逛一逛普罗旺斯的市场，你就会发现，这里真是一个物产丰富的地方。颜色各异的蔬菜和水果，充满了阳光的味道！

❯ 绿橄榄还是黑橄榄？

你可以自由选择。事实上，普罗旺斯的所有橄榄都非常好吃。因为黑色的橄榄和绿色的橄榄都来自同一棵树，只不过采摘时间不同！喝开胃酒的时候，可以尝一尝普罗旺斯橄榄酱：这是一种将橄榄、刺山柑花蕾和蒜混合制成的咸味酱。

❯ 绿色的"金子"

把橄榄放进压榨机里，就能榨出金黄色的油，用来做菜，对健康非常有益。普罗旺斯人在面包丁上抹点大蒜，洒点橄榄油，就可以大快朵颐了。如果再加上些番茄，那就更美味了！除了食用，橄榄油还有很多其他用途。比如著名的马赛皂，四分之三的成分就是橄榄油。

❯ 薰衣草

那是山谷中的海洋吗？当然不是，它是内陆种植的大片薰衣草形成的紫色波浪。这种漂亮的花非常适合制作香水。普罗旺斯的女人们更喜欢把它做成干花装在小袋子里，可以挂在衣柜，这样衣柜里的衣服也满是花香味。

趣闻 有的橄榄树树龄已经超过1000年了，有些可能是法国最初几代国王和骑士们栽种的！

橄榄油非常珍贵，提炼1升橄榄油，需要5千克橄榄。

无花果小姐

它的外皮皱巴巴的，看起来很滑稽。如果你没吃过，咬开一个试试：它的肉是紫色或白色的，吃起来又嫩又软。

卡维隆（Cavaillon）的甜瓜

卡维隆甜瓜外形圆滚滚的，吃起来非常美味！露天种植的话，一般需要10小时的日照时间。为了满足甜瓜喜温耐热的特点，人们也会选择在温室里栽种它！卡维隆甜瓜熟透后，果肉又软又甜。

柠檬和橘子

为什么尼斯（Nice）和芒通（Menton）主要种植这两种水果呢？因为柠檬树和橘子树生长需要充足的光照。多亏了蓝色海岸的阳光，这些水果才会这么多汁，营养也很丰富。

自1934年，芒通市每年都会组织一场盛大的柠檬节：整个城市就像穿上了黄色和橙色的外衣，你会看到用柠檬和橘子做成的各种造型展览，非常有趣。水果做成的花车在街上游行，是柠檬节的重头戏。

 看一看

• 参观库斯泰莱（Coustellet）的**薰衣草博物馆（Musée de la Lavande）**，看看里面收藏的蒸馏器和气味怡人的薰衣草香水。
📞 04 90 76 91 23
🌐 www.museedelalavande.com

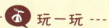 玩一玩

• **在艾克斯（Aix-en-Provence）漂亮的市场上散步。**那里每天都有集市，所以不用担心会错过它们！

南部 动物乐园

知了，知了，知了……整个夏天，蝉都会一直唱个不停。在普罗旺斯，它们可一点都不孤单！

▷ 男歌手还是女歌手？

只有雄蝉才唱歌！当太阳出来的时候，它们只要看到心仪的雌蝉，就会通过歌声来吸引对方！有时，蟋蟀也会加入进来，它们在一起，完全能举办一场震耳欲聋的演唱会！

▷ 有趣的生活！

蝉完全有理由享受夏天。因为这种可怜的小昆虫，没有多少机会看到阳光。在它整个生命里，有4年的时间是待在地下的，生活在地上、看到光线的时间只有2个月！这个过程很奇妙：还是幼虫的蝉从地底下钻出来

后，先是抓牢一棵树，接着就奇迹般地从盔甲似的外壳里出来，停留片刻便拍拍翅膀飞起来，让自己短暂的生命沐浴在阳光中。等到它饿了的时候，就会停在树上，吮吸树的汁液。

▷ 晒太阳的壁虎

稍微留意，你就会在岩石或者旧墙上看到一种懒洋洋的爬行动物。不要以为它们睡着了，你只要一靠近，

你知道吗？ 雄蝉会发声，不是它的嘴巴发出来的，而是腹部鼓膜振动的结果。

噗——它们就会如闪电般逃开，并且
藏起来。

羊群聚集地

在法国南部，山谷里的羊比天上
的云朵还多。在上普罗旺斯的田野
上，随处可见羊群！夏天的时候，牧
羊人带着牧羊犬，赶着羊群往山上
走，因为那里的草更鲜美。

山顶那边，小羊们吃得肚皮浑圆！
叮，咚，老远就能听到它们脖子上的
铃铛声。

玩一玩

● **体验剪羊毛，**去上普罗旺斯的村庄咨询一
下剪羊毛的具体时间和地点。

羊毛，是我们自己织出来的

吱，吱……到了春天，人们会给
每只羊剪毛！短短几分钟，牧羊人就
把它们厚重的"大衣"给脱掉了。羊
儿们也习惯了，每年在酷暑到来之前
必须先"脱掉衣服"！

你在普罗旺斯看过石头在地上
跑吗？不要害怕！那一定是灌木丛
中的小乌龟在改变藏身处！

巨型 水族馆

如果你在地中海潜水，一定要做好准备，因为会有很多有趣的邂逅等着你！

水里的鱼

在海底，鱼类也会举行自己的狂欢节！它们的颜色和形状各不相同：蓝色的，红色的，胖的，长的……先给你介绍石斑鱼先生。它一定会来拜访你的，因为它一点都不怕游泳的人。上图中的这位是金枪鱼先生，它是地中海最大的鱼。

金枪鱼的胃口很好。为了一次吃下十几条小鱼，它会在海滩边先把这些猎物研碎。放心，你不会有任何危险！因为金枪鱼是我们人类的食物。

住在海里的马吗?

幸运的话，你也许可以在海水比较清亮的地方看到海马。这种外形像马的海洋动物非常有趣，身体比一支彩色铅笔还短。休息的时候，它会把尾巴紧贴住海藻。

小心被扎到

这是一颗全黑的栗子吗？不是哦，这是一只海胆。千万要小心，不要踩在它的刺上，因为它们尖得像针！

一个善良的怪物

它长着肥大的触角，看着并不漂亮。它一点都不坏，甚至还是个超级英雄呢，因为它可以随意改变自己的形状和颜色。它的触角若是断了的话，还可以重新再长出来！它不是很勇敢，总是安静地躲在石洞里。

≫ 快乐的海豚

海豚看起来像漂亮的鱼儿，但它和人类一样，是哺乳动物！如果你在海上航行，有可能碰到一群又一群快乐的海豚，它们喜欢跃出水面或者尾随着船只游几分钟。

难以置信

褐色的石斑鱼有个让人十分惊讶的特性。它最开始是雌性的，几年后转变为雄性的！不可思议吧？

≫ 要分辨致命的海藻和有保护作用的植物

几年前，一种变异海藻在地中海疯狂生长。没有人知道它来自哪里，应该如何清除它！它就像其他的污染源一样，给地中海带来了灾难性的后果。因为变异海藻阻止其他水生物生长，尤其是那些无公害的、能形成海底植被的植物。这些植物对于海底世界至关重要，因为它们能为鱼类提供氧气、住处以及食物。

------- 🐟 看一看 ---------

• **昂蒂布（Antibes）的海洋公园。**里面有很多好玩的游乐项目，别忘了参观它的海洋博物馆。

📞 08 92 30 06 06
ℯ www.marineland.fr

一个历史悠久 的大区

为什么普罗旺斯有那么多的史前洞穴、古代剧场以及中世纪的村庄呢？这是因为它的历史跟它的地理位置一样丰富多彩！

❯ 水底的洞穴

自1991年发现考斯科（Cosquer）水下洞穴后，人们对普罗旺斯的历史了解得更多。通过研究洞穴里面的壁画，得知这个地区很久以前就开始养马、养鹿、养野牛，甚至……养企鹅！

❯ 希腊人的到来

公元前6世纪，一群希腊水手发现了普罗旺斯。他们觉得这个地方太美了，于是在这里定居下来。他们在比较隐蔽的小海湾建立了村庄，并且开始贸易往来，这些小的贸易点便是马赛和尼斯的雏形。

❯ 罗马人统治的时代

罗马人简直太不可思议了！他们每占领一个地方，就会在那里修建一座跟罗马一样的城市：两条道路垂直相交，中间是广场，旁边是一排排整齐的房屋！他们以罗马为范例，在普罗旺斯建立了艾克斯、奥朗日（Orange）、阿尔勒（Arles）等一百多座城市。他们建造的城墙和其他建筑物都非常坚固！直到今天，我们还能欣赏到出自于他们之手的引水渠、寺庙以及剧场。规模最大的罗马古迹主要集中在奥朗日、阿尔勒和维宗拉罗马（Vaison-La-Romaine）这几个城市。

❯ 住在普罗旺斯的教皇

你能设想自己走在14世纪阿维尼翁（Avignon）的路上，碰到这位披金戴银的大人物的场景吗？他就是刚刚上任的教皇约翰二十二世。在将近一

聚焦 马赛曲

(La Marseillaise)

　　"前进，祖国的孩子们……"这是法国的国歌《马赛曲》。虽然歌名里有"马赛"二字，但它不是在马赛创作的，作者也不是马赛人。《马赛曲》的作者是鲁热·德·利尔（Rouget de Lisle），他是一名法国军官，同时也是一位诗人，这首歌是他在1792年创作的。1789年法国大革命爆发，之后很长一段时间法国都遭受着各国的威胁：因为法国人民的起义给周边国家的人民树立了榜样，这让他们的统治者非常恼火！1792年，法国对奥地利宣战，因为奥匈帝国一直在干预法国内政。为了鼓舞即将上战场的士兵们，鲁热创作了这首振奋士气的军歌。直到1879年，《马赛曲》才最终被确定为法国的国歌。

个世纪的时间里，阿维尼翁都是基督教的首都！这座城市也因此变得非常富庶，甚至需要建造堡垒来保证教皇的安全。现在你还能看到那些堡垒呢！

你知道吗?

　　在阿尔勒，可以看到普罗旺斯地区保留得最完整的罗马竞技场。它能容纳2万名观众，夏季时会上演斗牛表演。

---------- 玩一玩 ----------

● 参观奥朗日的**古代剧场**（Théâtre Antique），这是世界上保存得最好的古罗马遗迹之一。

📞 04 90 51 17 60

🌐 www.theatre-antique.com

昔日的
普罗旺斯

准备好了吗？我们要穿越到古代的普罗旺斯。那些住在高山上的村庄里的人们，保留着许多美好的传统。

❯ 五颜六色的市集

看到那些颜色鲜艳的蔬菜和水果了吧，它们都散发着阳光的味道。就像调色板一样，售卖摊上的食物颜色随着季节变换着！红红绿绿的，是夏天的肉椒、西红柿和茄子等；栗色和金色的，是秋天的板栗、南瓜和蘑菇等。是不是光看就已经垂涎欲滴了？

❯ 敲起长鼓来

听一听长鼓手的节奏：哒，哒，哒，哒哒，哒，哒，哒哒……在一些村庄，乐手们一边跳舞，一边打鼓，还能一边吹着三孔笛。他们能同时演奏两种乐器！

你知道吗？

19世纪，一个叫弗德里克·米斯特拉尔（Frédéric Mistral）的普罗旺斯作家兼诗人，让整个世界认识了普罗旺斯。因为他为了维护普罗旺斯语，亲自编写了一本《新普罗旺斯字典》！

❯ 尽情跳起来吧

来加入这些法兰多拉舞者吧。他们跳跃在广场上，互相拉着手形成一条巨大的"蛇"。他们时而缠绕在一起，时而展开像一个蜗牛壳。法兰多拉舞（farandole）是一种很古老的舞蹈，据说是古希腊人把它带到普罗旺斯的。

美丽的阿尔勒女人

阿尔勒女人以其精美的服饰和优雅的气质闻名于世。你看，她们经常穿着一条绘有彩色图案的半身裙，再搭配披肩和头巾。不要以为她们的服装是一成不变的哦，根据不同的村庄和不同的节庆日，她们的着装都会有变化。不管怎么变，她们总是那么美！

普罗旺斯的印第安织布

普罗旺斯有印第安女人吗？当然没有。这里是指17世纪中期自美洲航行回来的船只运到马赛的印第安织布。当地的织工觉得非常漂亮，于是

竞相模仿。他们在原有的图案上加上蝉或者橄榄，以突出本地特色。现在，除了衬衣、丝巾，连餐巾、桌布和窗帘上也都有这种图案。

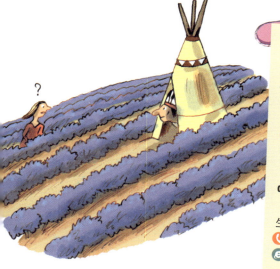

看一看

- 参观**马赛地方博物馆**（Musée du Terroir Marseillais），里面展出了各种古代物品，比如装饰用的彩色小泥人、厨房、婴儿房等。
  📞 04 91 68 14 38
  🅴 www.musee-provencal.fr

- 参观**普罗旺斯格雷万博物馆**（Musée Grévin de la Provence），位于普罗旺斯地区萨隆（Salon-de-Provence）。博物馆以剧场的形式生动再现了诸多名人的生活。
  📞 04 90 56 36 30
  🅴 www.avignon-et-provence.com

法国南部的
艺术家们

凭借其独特的景色和光线，普罗旺斯曾吸引了诸多艺术大师驻足定居，并创造出令人惊艳的艺术作品。

▶ 热爱山丘的塞尚

出生于艾克斯的画家保罗·塞尚（Paul Cézanne，1839—1906），一直对地中海风景情有独钟。不过，他最爱的还是家乡的圣维克多山。塞尚让这座山变得世界闻名，因为他从来没有停止过画它。他一生都想买下正对着他心爱的那座山的一栋大房子，只可惜房主一直不愿意出售！

▶ 阿尔丰斯的磨坊

如果时间充裕，你可以去一个叫方特维雷（Fontvieille）的小村庄散散步，那里离阿尔勒只有十几千米。作家阿尔丰斯·都德（Alphonse Daudet，1840—1897）就是在那里写下了著名的《磨坊文札》。事实上，都德有点夸张了，他根本不住在那个村庄的磨坊里，而是舒服地住在附近的漂亮的城堡里！

▶ "金色"画家文森特·梵·高

1888年，一个红头发的年轻画家开始住在阿尔勒。这就是来自荷兰的文森特·梵·高（Vincent Van Gogh，1853—1890）。很快，他就被法国南部的太阳、普罗旺斯的风景以及漂亮的阿尔勒女人迷住了。曾经有两年的时间，梵·高每天都在不停地画各种表现光影和金黄色的油画。在他的作品里，蓝色和黄色交织在一起，跳着美妙的舞蹈！

聚焦

马瑟·巴纽
(Marcel Pagnol)

夜晚作画时，梵·高喜欢把蜡烛放在他的草帽顶上用来照明。他非常喜欢星星，总把它们比作宝石！

　　法国著名作家、电影艺术家马瑟·巴纽的成功，和普罗旺斯是分不开的！马瑟于1895年出生于欧巴涅，他创作的多部文学作品以及拍摄的电影故事都发生在普罗旺斯。他最有名的三部戏剧《马里乌斯》《芬妮》和《恺撒》，被称为"马赛三部曲"。在小说《爸爸的荣耀》和《妈妈的城堡》里，他描述了自己在普罗旺斯度过的无拘无束的童年。在那段快乐的时光里，他喜欢和他的朋友利利·德·贝隆在卡尔拉班山谷奔跑，和他"可怕"的叔叔于勒一起打猎，猎物主要是斑尾林鸽和山鹬！在由他的小说改编的电影里，我们可以重温普罗旺斯的阳光、蝉的叫声以及当地人夸张的口音。

▷ 沿着马蒂斯的足迹

　　在尼斯休息了几天，画家亨利·马蒂斯（Henri Matisse, 1869—1954）就被这里的光线彻底征服了。几天后，他决定在蓝色海岸定居。他的选择非常正确，因为他的油画作品因法国南部的阳光大放异彩。

 玩一玩

● 在卡尔拉班山谷溜达。马瑟·巴纽在书里描绘的这片山谷，位于欧巴涅和马赛之间。
📞 04 42 03 49 98

看一看

● 参观保罗·塞尚的工作室（Atelier de Paul Cezanne），位于艾克斯，工作室保持着画家生前工作时的样子。
📞 04 42 21 06 53
🌐 www.atelier-cezanne.com

● 参观阿尔丰斯·都德博物馆（Musée Alphonse Daudet），位于方特维雷，作家自称定居的磨坊就在那个村庄里。
📞 04 90 54 60 78

美丽的
故事和传奇

普罗旺斯诞生了很多传奇人物，流传着许多传奇故事，其中那些最不可思议的故事都是真的哦！

❯ 小心塔哈斯克怪兽！

普罗旺斯流传着一个名叫塔哈斯克的半龙半蛇的怪兽，它时刻威胁着达拉斯贡（Tarascon）这座城市的安全。怪兽将自己藏身在罗讷河里，只要有人经过罗讷河，只要它的牙齿够得着，它就会把他们吃掉！多亏了圣马尔泰（Sainte Marthe），画了个简单的十字就把怪兽驯服了，简直太神奇了！为了纪念这个虚构的、非常受欢迎的故事，普罗旺斯人还专门设置了一个节日。

❯ 他什么都预言到了！

你听说过普罗旺斯地区萨隆最有名的居民是谁吗？他就是16世纪的医生诺查丹玛斯（Nostradamus）。他之所以这么有名，是因为他能预见未来，所有的人都想向他咨询。他给凯瑟琳·德·美第奇王后提了很多建议，王后曾亲自前往阿尔勒跟他会面。

你知道吗？ 诺查丹玛斯曾经在1555年和1556年预言亨利二世会猝死。确实很准哦！这位国王真的就在1559年的一次骑士比武中被杀死。

达拉斯贡城的达达兰

作家阿尔丰斯·都德笔下的达达兰是达拉斯贡城一个爱吹牛皮且胆小的人。他吹嘘自己是猎手之王，并夸口要去非洲捕猎狮子。虽然他在非洲闹了不少笑话，甚至连狮子也没有见过，但是回来后依然跟人讲述他那经过自己一番美化后的"丰功伟绩"。即便如此，达拉斯贡城的人们还是把他奉为英雄。

塞甘先生的山羊

这个故事是《磨坊文札》里最有名的一篇。故事的主角是一只幸福的、被主人善待的、好奇心却非常强的山羊，它渴望看到山上的欧石楠花，想享受到"真正的"自由。漂亮的小羊偷逃了出来，可未来并不那么美好，因为在那高山上，有一只凶恶的狼正在等着它……经过一番英勇的搏斗，小羊还是被狼吃掉了。这个故事的寓意是什么呢？与其渴望另一种未知的生活，还不如享受现有的。

趣闻 《达拉斯贡城的达达兰》这本书于1872出版的时候，并没有受到普罗旺斯人的青睐，因为都德把他们都描绘成了头脑简单、容易走极端且爱吹牛皮的人。

你让我心都碎了！

你知道一幕著名的打牌戏吗？是马瑟·巴纽在他的戏剧《马里乌斯》里面设计的一段。四个朋友在马赛港口开开心心地打牌，其中两个一直都在作弊和撒谎！他们互相聊天，假装在说什么事情，其实是在给对方提示，如他们手中纸牌的颜色（心）……这场戏非常有趣！

看一看

- **塔哈斯克节（Fête de la Tarasque）**，在达拉斯贡，每年6月底举行。游行队伍里，有塔哈斯克怪兽，还有达拉斯贡的达达兰。
📞 04 90 91 03 52
🌐 www.tarascon.org
- **达达兰的房子（Maison de Tartarin）**，位于达拉斯贡，它是根据阿尔丰斯·都德的描述布置的！
📞 04 90 91 05 08
- **诺查丹玛斯的故居（Maison de Nostradamus）**，位于普罗旺斯地区萨隆。
📞 04 90 56 64 31
🌐 www.salondeprovence.com

海岸边
的 王子

摩纳哥（Monaco），地处普罗旺斯尽头和意大利边境，是除教皇国梵蒂冈之外的世界上最小的国家！

微型国家

摩纳哥公国建在一个300米宽的巨型岩石上面。因为空间有限，摩纳哥人想出了另外一个办法来扩充他们的领土：他们把整个街区都建在海上，看起来仿佛住在海市蜃楼里！

格里马尔迪的宝座

摩纳哥公国最初被希腊人占领，接着成为罗马人的殖民地，1215年又被热那亚人占领。1297年，热那亚人弗朗索瓦·格里马尔迪（François Grimaldi）夺取了摩纳哥城堡。到底该以哪个国家的名义统治这片土地呢？以格里马尔迪他个人的名义！一直到现在，他的继承者依然坐在这个宝座上。

童话般的城堡

摩纳哥王子和他的家人住在一幢壮丽的宫殿里，宫殿建在一块巨大的岩石上。你看到宫殿门前那些穿着漂亮制服的守卫者了吗？他们是摩纳哥王子的宪兵。快看！摩纳哥国旗今天飘扬在钟楼上，这说明王子在他的宫殿里。

王子一家

那些漂亮的公主们不是只存在于童话里哦！在摩纳哥，有两位漂亮的公主，她们的妈妈就是嫁给摩纳哥王子雷尼尔三世（Rainier III）的美国著名女演员格蕾丝·凯利（Grace Kelly）。这是真实的人生，不是电影！现在是她的儿子阿尔贝二世（Albert II）统治这个小公国。

中大奖了！

夜幕降临后，摩纳哥更像个巨大的游乐场，当然这是提供给大人的。在蒙特卡洛（Monte-Carlo）的赌场里，有人把自己的全部财产放在赌桌上做赌注。注意，未满18岁禁止出入赌场。这样更好，因为你可能会赢很多钱，但说不准会输得更多！

亿万富翁的港口

如果你在摩纳哥港口散步的话，会看到世界上最漂亮的游艇！有些游艇长达100多米，足足有一个足球场那么大！

为了占领摩纳哥城堡，弗朗索瓦·格里马尔迪和他的手下曾乔装成修道士。因此，他被人们称为"狡猾的弗朗索瓦"。

你知道吗？

为了铺砌摩纳哥王宫中的荣誉院的地面，共用了多少颗鹅卵石？

>300

>3000

>3000000

答案：3000000。白色和红色的鹅卵石拼成了一幅巨大的几何图形。

🐟 **看一看**

● **参观摩纳哥的海洋博物馆**（Musée Océanographique）。尽情徜徉在这美妙的"海底世界"吧！
📞 +377 93 15 36 00
🌐 www.oceano.mc

● **参观摩纳哥王宫**（Palais de Monaco），尤其是它的荣誉院，非常雄伟壮丽。
📞 +377 93 25 18 31
🌐 www.palais.mc

不可思议的卡马格

稻田、马匹、牛群、粉红色的火烈鸟、池塘……这一切组成了一个与众不同的世界——卡马格湿地自然保护区！

❯ 富饶的土地

卡马格人从16世纪就开始种植稻谷了！现在他们是法国最主要的稻谷生产者，每年的稻谷产量约有10万吨！这个地区的制盐业也非常发达，人们把海水引到盐田或比较浅的盆地，经过日晒，水分蒸发后，就开始提炼盐。如果你经过萨林德吉罗市（Salin-de-Giraud），老远就会看到白色的小山，那是成吨的盐！卡马格的盐田是欧洲规模最大的。

❯ 圣玛丽海（Saintes-Maries-de-la-Mer）

这座位于地中海旁边的小城市，是由几条小路、几栋白色低矮的房子和一座漂亮的小教堂组成的。每到茨冈人朝圣期间，整个城市就会响起吉他声和歌声。

❯ 愤怒的公牛

卡马格人把公牛叫作比优。这个名字听起来很可爱，但你知道吗，这些长着长角的公牛可是斗牛场上的危险分子。大部分时间里，在牧牛人的看管下，它们都在沼泽地里活动。这些牧牛人，就像卡马格的牛仔。

❯ 自由的马

卡马格的马很幸福，他们自由地生活在田地和沼泽里。拿破仑曾非常欣赏这些小白马的勇气和耐力，经常把它们选为战马。

你知道吗？ 有些公牛在斗牛场上表现得非常勇猛，卡马格为此专门建了一些景点来纪念它们。

粉红色的火烈鸟

抬头看卡马格的天空，若是看到大片"粉红色的云彩"，那一定是火烈鸟，它们每年都会在沼泽地觅食。看到它们，会让人产生一种错觉：火烈鸟快要掉到水里了。因为它们休息的时候总是单脚支撑住整个身体，平衡性真好！

小问答 卡马格有多少只公牛？
>100
>1000
>10000

答案：10000。

合理的房屋设计

卡马格的传统房屋是全白的，屋顶由茅草做成，表面都是朝北形成一个圆形，这样看起来既协调又美观。之所以这样设计，最主要还是为了保护房屋不受损害，尤其在刮大风时。

 玩一玩

• 登上**圣玛丽海市**的圣母院顶楼，站在那里看风景非常美。
04 90 97 82 55
• **在卡马格的沼泽地里骑马**，绝对会令你难以忘怀。
04 90 97 82 55
www.saintesmaries.com

圣诞快乐！

为了纪念耶稣的诞生，全普罗旺斯人每年都会用传统的方式来庆祝！

❯ 圣诞麦子

每年圣芭芭拉日那天（12月4日），普罗旺斯的孩子们都会在一个小坛子里种上小麦，然后把小坛子放进马槽里。据老人们说，到了圣诞节，麦子变绿了的话，来年的收成就会非常好！

❯ 国王蛋糕

这种蛋糕完全不像法国其他地区的糕点。在法国南部，人们更喜欢吃一种上面铺满果酱、漂亮的圆形蛋糕。当然，里面还有一个小瓷人。吃到它的就是"国王"！

❯ 彩色的神仙们

注意看教堂里的马槽或普罗旺斯人的家里，那些装饰圣诞用的彩色泥人都被放置在小耶稣旁边。泥人的造型各异，有牧羊人、扛着面粉的磨坊主、拿着枪的猎人、漂亮的波西米亚女人以及被驯服的熊……也有骑着骆驼的东方三王，因为一月初就是主显节（又称"三王来朝节"）！

13道甜点

12月24日晚上，普罗旺斯人会围坐在桌子旁边吃圣诞大餐。这顿丰盛的晚餐，要以13道甜点结尾。甜点的种类是有讲究的！有些甜点必不可少，比如一种用橙子花做成的面包、无花果干、葡萄干、杏仁、榛子、白色牛轧糖和棕色牛轧糖。另外一些甜点种类，每个家庭可以自由选择，有甜瓜、橘子、坚果、白葡萄干、小杏仁蛋糕、椰枣等等。重要的是，甜点一定要有13道，而且必须同时端上桌。这个习俗来自于基督教的一个传统，因为"13"象征着耶稣和他的十二门徒。

我吃到小瓷人了！（我是国王！）

圣诞劈柴型蛋糕

普罗旺斯人并不喜欢吃劈柴型蛋糕，但他们会使用真的木柴。平安夜里，每家的家庭成员中年龄最小者和最年长者会一起往壁炉里放一根木柴。根据传统，这根木柴要一直烧到新年，这样以后的节日才会过得更开心！

看一看

• 参观**马赛的圣诞集市**，在夏尔·德·戴高乐广场。从每年11月的最后一个周日直到12月底。

• 参观**马瑟·卡尔保奈（Marcel Carbonel）在马赛的工作室**，他是普罗旺斯著名的泥人制作者。

☎ 04 91 54 26 58
✉ www.santonsmarcelcarbonel.com

精彩的
搏斗

你喜欢强烈的感官刺激吗？如果喜欢，那你一定爱看斗牛表演，其激烈程度会让你全身发抖！

≫ 奔跑的公牛

走上竞技场，参加抢绶带的比赛吧。选手们一般穿着白色的制服，他们需要靠近公牛，把它头上的绶带扯下来。这个难度很高，因为绶带缠在公牛的角上！当选手们觉得危险时，就会跳到赛场周围的栅栏后。公牛有时会在后面追赶他们，这真是一项非常危险的比赛！

≫ 不要惹恼牛小姐！

到了晚上，观众可以走进竞技场，体验一下当斗牛士的感觉。对峙的不是公牛，而是小母牛哦。等你长大了，也可以尝试一下。为了避免危险，竞技场的工作人员会把小球放在小母牛的牛角上。事实上，这个活动还是极其危险的！

≫ 加油！

源自西班牙的斗牛运动自19世纪传入普罗旺斯，现在在阿尔勒和尼姆非常流行。斗牛士穿着亮闪闪的衣服，与体型巨大的公牛周旋。你坐在观众席上就不要害怕了，当然最好还是坐得离竞技场远一点，因为公牛的角锋利得如匕首。

趣闻

斗牛运动在法国南部非常盛行，但还是被许多人所诟病，认为它太暴力，且没有任何意义。事实上，斗牛运动最终的目的是要杀死公牛。你怎么看这项运动？

水中骑士

如果你能参加马蒂格（Martigues）的水上比武，那就太棒了！每年夏天，马蒂格的运河上都会举行这种比赛。参加者就像骑士一样，各执一根竹竿，把对方击落水中者获胜。和骑士不同的是，他们都站在小船上！"扑通"，有人被打下水了！好在他们不用穿盔甲，否则在水里游泳就太费劲了！

你知道吗？

由于拥有众多运河，马蒂格被人们称为"普罗旺斯的威尼斯"。

斗牛节万岁！

在阿尔勒和尼姆，一年一度的盛大斗牛节总能吸引成千上万的人前来观看，不可思议吧。比赛之前，人们会解开公牛的缰绳，让它们在路边休息。所以，你最好站在高处，千万不要在路边挑衅它们！斗牛节期间，为了活跃气氛，白天和晚上都会有铜管乐队表演节目。

玩一玩

• **参加尼姆市斗牛节开幕式的游行，**一般在圣婴降临节期间举行。

📞 04 66 58 38 00

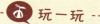 **看一看**

• **观看抢绶带的比赛。**在圣玛丽海市的竞技场里，绝对能让你心惊胆战！

📞 04 90 97 85 86

✉ www.arenes-des-saintes-maries-de-la-mer.com

• 参加**水上比武，**在马蒂格市，5月至9月。小心溅起的泥浆！

📞 04 42 42 31 10

✉ www.martigues-tourisme.com

加油

普罗旺斯的
节庆日

在法国南部，众多的节庆日标注着一年的节奏。
对于乐天的普罗旺斯人来说，每天都像在过节。

海边的狂欢节

普罗旺斯规模最大的狂欢节是在蓝色海岸的中心——尼斯举行的。每年2月底，成千上万的人们迫不及待地走上街头参加游行，游行队伍里有快乐的巨人和花团锦簇的车队。

圣特罗佩（Tropez）的游行盛会

蓝色海岸的这个小港口每年都会在5月的17、18和19日这三天庆祝它的保护神。人们会穿上火枪手、水手和卫兵等不同职业的制服，抬着城市的保护神——圣特罗佩的雕像，在街道上游行。

阿维尼翁（Avignon）戏剧节

表演开始啦！每年夏初，阿维尼翁的大街小巷就变成了戏剧舞台，这个传统从半个世纪之前就开始了。阿维尼翁到处都是演出，让人目不暇接：这边是让人捧腹的喜剧，那边是让人感动不已的悲剧。这是艺术家们的节日，也是戏剧爱好者的饕餮大餐！

马赛的饼干节

圣蜡节的时候（每年2月2日），马赛人会在一家叫饼干烤箱（Le Four

夏纳国际电影节
(Festival de Cannes)

　　如果你在蓝色海岸，有一个电影界的盛事是不可错过的，即每年5月在夏纳（Cannes）举行的国际电影节。自1946年首度举行以来，夏纳国际电影节每年持续12天左右的时间，期间有来自全世界各地的明星宣传他们的电影。

　　电影宫坐落在沿海的十字大道上，**盛装的明星们陆续踏上电影宫前面的红地毯。如果想看到自己喜欢的明星，**必须要非常有耐心和好的眼力，相信你一定不会失望的！

　　夏纳国际电影节是最具影响力、也是最顶尖的国际电影节之一，它的象征是美丽的金棕榈叶。电影节期间最受关注的环节，当然要数最后哪部电影会获得"金棕榈奖"。

aux Navettes）的面包店前排队，他们要买店里的船型饼干。饼干因形状像只小船而得名。船型饼干是用橘子花汁做成的，非常可口！

你知道吗？　饼干烤箱面包店，自1781年开业以来，一直对饼干的制作方式严格保密。

看一看

● **饼干烤箱面包店，** 去马赛最古老的面包店尝一尝它的美味甜点！

🏠 圣街136号 （136 rue Sainte）
🔵 www.fourdesnavettes.com

法国南部
美食

饿了吗？那就来尝一下普罗旺斯的厨师和糕点师们做的美味料理吧！你一定会吃得心满意足。

➤ 橄榄油蒜泥酱

橄榄油蒜泥酱算得上是蛋黄酱的南部"表妹"。每个普罗旺斯人都坚信自己掌握了最地道的食谱，但是大家做出来的味道都不一样！有一点可以达成共识：这道菜要成功的话，必须要有大蒜、油（当然是橄榄油）和鸡蛋！普罗旺斯人喜欢在吃鱼和青菜时搭配橄榄油蒜泥酱。

➤ 马赛鱼汤

这其实是由马赛的渔民们发明的汤！最开始，他们将篮子底下碎掉的鱼肉做成汤，因为这些鱼肉卖不出去，只能自己吃掉!现在，这道菜已经演变成把多种地中海鱼混合在一起煮，比如海鳗、鲉、鮟鱇以及火鱼等，还会加上一些蔬菜和普罗旺斯的草类调料。对于马赛人来说，这种鱼汤要和涂抹了蒜泥蛋黄酱的面包丁搭配着吃。小心，味道有点重哦！

最初的马赛鱼汤是用海水煮的，所以不需要加盐！

蔬菜蒜泥浓汤

这道汤适合夏天喝吗？当然，它是用当季的新鲜蔬菜煮成的！把西葫芦、四季豆、土豆混合在一起，再加点蒜、几滴飘香的橄榄油和几片罗勒叶一起煮……这道富有法国南部风味的汤就完成了！

普罗旺斯橄榄酱

适量黑橄榄、咸鳀鱼、1瓣蒜、20克刺山柑花蕾和100毫升橄榄油，这是制作普罗旺斯橄榄酱的最佳食材。把所有食材放进搅拌器里，待搅拌成美味的酱料后，就可以把它涂在面包丁上开吃了。

尼斯的鹰嘴豆煎饼

这是一种来自意大利的煎饼，不过它是用鹰嘴豆磨成的粉做的。去老尼斯的市场，可以吃到这种刚出炉的煎饼。

永不停歇的蜜蜂

薰衣草、百里香、迷迭香、栗子……普罗旺斯可以为你提供各种口味的蜂蜜。从2月开花的迷迭香到10月的欧石楠，辛勤的蜜蜂们一直都没有时间休息！

"甜美"的小城

你要去艾克斯走走吗？记得尝一下当地的小杏仁蛋糕。这种由软杏仁和甜瓜酱做成的糕饼，外型总是菱形。下一站你要去卡庞特拉（Carpentras）吗？太棒了！因为那里有世界上最好吃的水果香糖，它是用水果酱汁和薄荷做成的。你要经过阿普特（Apt）吗？太幸运了，那儿是果酱的王国！

你知道吗？ 迷迭香做成的蜂蜜，因其雪白的颜色，被罗马人认为是世界上最好的蜂蜜。

玩一玩

• 组织一次愉快的野餐。在海边或松林里，蘸着橄榄酱，吃着鹰嘴豆煎饼，是不是感觉胃口大开？

食谱：国王面包

你在法国其他地方也许吃过杏仁奶油味的国王糕饼，但到了法国南部，人们更喜欢把它做成面包。尝一下吧，非常好吃！

准备时间：45分钟
放置时间：5小时

➤ 食材（8人份）

- 250克面粉
- 75克黄油
- 50克糖
- 2个鸡蛋
- 1个蛋黄
- 3汤匙麦芽精
- 20克面包发酵粉
- 适量橙子皮
- 适量小块果酱

➤ 美味糕点大搜罗：

- **篮子巧克力店（Chocolatière du Panier）**
  这家巧克力店有300多种不同口味的巧克力，包括洋葱味和橄榄油味！
  🏠 49 rue du petit Puits, 13002 Marseille
- **艾克斯瓦兹面包店（La boulangerie aixoise）**
  这是马赛最古老的面包店之一，最受欢迎的是杏仁脆饼干。
  🏠 129 vallon des Auffes, 13007 Marseille
- **昂特卡斯托甜品店（Confiserie d'Entrecasteaux）**
  这家甜品店里的小杏仁蛋糕非常美味，口味有原味、巧克力、紫罗兰和玫瑰等。
  🏠 2 rue d'Entrecasteaux,13100 Aix en Provence

制作步骤：

1   在小碗里加入适量温水、50克面粉和一小撮糖，加入适
    量面包发酵粉，静置1小时。

2   在平底锅里将黄油融化，然后让它冷却。将2个鸡蛋打散。
    在沙拉盆里将以下食材混合：剩下的面粉和糖，融化的
    黄油，打散的鸡蛋，麦芽精和橙子皮。

3   加入剩下的面包发酵粉，将所有食材搅拌在一起，最少揉
    5分钟，直到变成一个规则的面团。用一块干净的抹布盖
    住沙拉盆，然后将其放在温度适中的地方，放置3小时。

4   等到面团膨胀得足够大时，加入果酱，把它捏成皇冠形状。
    再把它放在涂过油的烤盘里，放置1小时。

5   将烤箱预热到150°，把蛋黄刷在面团表面，然后将面团和
    一碗水一起放进烤箱里，等待15~20分钟，这是为了让烤
    箱里的空气变得比较潮湿。

6   当面包变黄的时候，就可以把它拿出来了，然后用果酱
    装饰一下。

现在可以开动啦！

普罗旺斯 快问快答

通过测试看看你对普罗旺斯了解多少!

1 普罗旺斯的原生态乡村是什么样的?
- a 草原
- b 灌木丛
- c 热带草原

2 《爸爸的荣耀》这本小说的作者是谁?
- a 亚历山大·仲马
- b 马瑟·巴纽
- c 阿尔丰斯·都德

3 在普罗旺斯,人们可以通过什么得知主人对客人表示欢迎?
- a 三棵柏树(大中小各一棵)
- b 黄杨旁边一棵五针松
- c 两棵一样高的柏树

4 玩滚铁球游戏时,人们会说:
- a 你瞄准还是不动?
- b 你击中另一球还是把木球滚近目标?
- c 你离开还是保持原状?

5 橄榄树象征着:
- a 纯洁与和平
- b 自然与自由
- c 和平与智慧

6 消防飞机是什么?
- a 一种带蓄水池、用来灭火的飞机
- b 一架去加拿大的飞机
- c 一架加拿大的直升飞机

7 普罗旺斯橄榄酱里有什么?
- a 洋姜、洋葱、刺山柑花蕾
- b 橄榄、刺山柑花蕾、蒜
- c 橄榄、蒜、蘑菇

8 当某人有点疯的时候,人们会说他:
- a 是一个杂物堆
- b 有点疯
- c 没逻辑

9 哪一种蝉会唱歌?
- a 雌蝉
- b 雄蝉
- c 所有的蝉

10 地中海最大的鱼是哪一种?
- a 金枪鱼
- b 石斑鱼
- c 鲔鱼

11 在阿维尼翁，有谁的宫殿？
- a 教皇
- b 国王
- c 王子

12 海豚是：
- a 一种鱼
- b 一种哺乳动物
- c 一种昆虫

13 阿尔勒的罗马竞技场可以容纳：
- a 200人
- b 2000人
- c 20000人

14 凡·高在普罗旺斯最喜欢画什么？
- a 水果
- b 麦子
- c 房屋

15 在马赛港口看到的那种小型的渔船叫什么？
- a 平底渔船
- b 弯曲船
- c 小船

16 塔哈斯克是什么？
- a 一种大型的龟
- b 一个达拉斯贡的居民
- c 一种海里的半龙半蛇怪兽

17 20世纪50年代，哪位女电影明星成了摩纳哥的王妃？
- a 玛丽莲·梦露
- b 碧姬·芭铎
- c 格蕾丝·凯利

18 人们在观看斗牛比赛时说什么？
- a 欧呃！
- b 加油！
- c 哎唷！

19 哪个城市因为众多明星光顾而出了名？
- a 圣特罗佩
- b 马赛
- c 土伦

20 普罗旺斯吹的那个风叫什么？
- a 焚风
- b 大师
- c 米斯特拉尔风

特色游玩路线

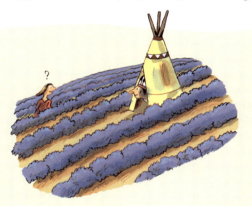

运动万岁！

潜水，划水，打猎……只要在普罗旺斯，不管是在陆地还是在水里，不管是一个人还是和朋友一起，你都能玩得很开心！

滚球游戏

在普罗旺斯，你会在每个村庄的广场上看到玩滚球游戏的人，这是法国南部地区最流行的游戏。轮到你时，试着把球发出去。规则很简单：你的球必须尽可能地靠近用木头做的小球。哇，太棒了，你的球离得不远了！当然，玩这个游戏主要是为了开心，而不是赢。游戏过程中，每个人都可以发挥自己的长项：或者尽可能地接近主球，或者试着打掉对手们最阻碍你的球！

对足球的狂热！

在马赛、尼斯的巨型体育场里，足球比赛总能吸引成千上万的观众！得分了！每当有球队获胜，球迷们都会连续庆祝很多天，他们以自己主队为荣。在街边的小路上或者沙滩上，你都能看到很多足球小子，他们都梦想着有一天能为马赛足球俱乐部效力呢！

趣闻　玩滚球游戏时，如果有选手一分都没有得，人们会把他叫作"范尼"。

谁是沙滩冠军?

在蓝色海岸的沙滩上，有很多种玩法。你若一个人，可以用沙子搭建漂亮的城堡。如果你是和朋友一起，可以打沙滩排球或者组织一些别的体育比赛！先玩接力赛跑，在沙滩上玩这个比赛，能让人捧腹大笑！接下来比赛沙滩跳远，最后去潜水，让大家都凉快一下。

"好风凭借力，助我做运动"

有时候，当普罗旺斯的风力大得惊人时，人们形容它"能把牛角拔起来"。不过，这并没有吓倒那些帆船爱好者。相反，风刮得越猛，他们越开心！在马赛、卡马格峡谷（Camargue）或耶尔海湾，那些水上健将们总在不断地刷新他们的记录！

推荐活动地点

▶ 滚球游戏爱好者

想不想参加一场真正的滚球游戏比赛，和那些经验丰富的选手们较量一番？每周二、周四、周六，14:30~18:00，在马赛勒杜克（Ledeuc）体育场，不见不散！

📞 06 08 97 72 59
🌐 www.asptt.com

- -

▶ 足球爱好者

假若你没有机会观看马赛足球俱乐部的比赛，那就去参观马赛著名的韦洛德罗姆球场（Stade Vélodrome），看一看它的台阶、衣帽间和后台。

📞 0826 10 40 44
🌐 www.om.net

▶ 初学帆船运动

在普罗旺斯，想要找个地方尝试一下帆船运动，一点儿都不难。你可以去海边，也可以去一些专门的帆船俱乐部。

● 马赛湖水景区俱乐部
（Plan d'eau des Vannades, à Manosque）
📞 04 92 87 41 16

● 戛纳青年俱乐部
（Cannes Jeunesse）
📞 04 92 18 88 88
🌐 www.cannes-jeunesse.fr

● 圣马克西姆水上俱乐部
（Club nautique de Sainte-Maxime）
📞 04 94 96 07 80
🌐 www.club-nautique-sainte-maxime.fr

斗牛节的
通行证

各种各样的斗牛比赛，是不是让你也对公牛产生了浓厚的兴趣？借此机会，多了解一些斗牛比赛的游戏规则，试着像一个地道的普罗旺斯人那样参与此项运动吧！

热身的游行活动：表演者的入场通道

通常，在比赛之前，公牛们要在骑着马的牧牛人的监督下整齐地走过村庄。一路上，围观人群中的挑衅者会往公牛身上撒面粉或者丢鞭炮，试图打破这种和谐的游行场面……

疯狂的追逐

在竞技场轮流上演的斗牛比赛，每次都是一只来势汹汹的公牛对抗一队穿全白衣服的小伙子。比赛开始后，一个人专门去引逗公牛，让它沿着正确的方向站好。接下来，另一个人冲上前，用一种三齿的钩子画一个宽敞的圆拱形门，然后飞速地逃到看台上！

选手们必须按一定的顺序把公牛身上的饰物一一扯下来：先是绑在前额的绥带，接着是系在牛角上的白色线球，最后才是在牛角上缠绕了很多圈的细绳。

"再加1欧！"

这是我们在比赛中最常听到的一句话。观众会对公牛身上的某件饰物进行下注，那个成功拿到饰物的选手能获得奖金和相应的分数。由于每个季节都有比赛，斗牛也像足球运动一样，也有一个冠军赛！

挑衅游戏:重返草地

这和热身的游行活动正好相反。在回到草地休息前,公牛们要在它们的仰慕者面前最后亮一次相。这一次,挑衅者可以试着通过扯公牛的尾巴或者角来打乱它们的阵列。当然啦,说起来容易,做起来却很难。因为参加这项比赛的,不是那些已经在场上跑得筋疲力尽的公牛们,而是一些精力充沛、摩拳擦掌的公牛"壮汉"!

惊险刺激的人牛搏斗

在一个四周竖立着高大的栅栏、并且设有各种圈套(水池、堆积的床垫等)的密闭场地,人们将公牛的缰绳松开。一些年轻的斗士,冒险挑逗它们,扯它们的角,试图让它们摔倒。这种演出一般在晚上举行,要观看的话,就在栅栏后选个高处的座位吧!

公牛游泳池:盛大的洗浴

这个游戏,旨在把喜欢待在干燥地方的公牛引诱到水里。表演者们要想尽一切办法甚至各种诡计,把公牛引到竞技场中心的水池里。保证你会看得捧腹大笑!不过要小心溅起的水花哦!

在竞技场观看斗牛表演,尽量找一个有树荫的地方坐下,因为天气真的很热。还要避免坐第一排,因为公牛说不定会跳过栅栏,戳观众的脚趾!

推荐活动地点

▶ 阿尔勒的公牛表演

在阿尔勒,全年都可以观看各种形式的公牛表演:公牛游行,斗牛表演,卡马格比赛,松开公牛任其在城市里奔跑等等。

📞 04 90 18 41 20
🌐 www.arlestourisme.com

▶ 7月14日

7月14日是法国国庆日。这一天,普罗旺斯人会组织一系列传统的公牛节目,非常受欢迎哦!

像在圣雷米(Saint-Rémy de Provence)会举行公牛游行活动。

📞 04 90 92 05 22
🌐 www.saintremy-de-provence.com

法国南部的动物

如果你认为普罗旺斯只有马和公牛，那就大错特错了！恰恰相反，你甚至有可能在这里看到以前从来没见过的动物……

来自北极的客人

1996年，一名年轻的普罗旺斯农民从挪威带回一群驯鹿！完全出乎意料，它们竟然很好地适应了普罗旺斯的炎热天气。此后，美洲野牛也成为了饲养对象。它们太受欢迎了，甚至还参加了一则广告的拍摄！威风吧！

蝴蝶的世界

跟随昂蒂布（Antibes）蝴蝶，一起探索这个由昆虫和蝴蝶组成的奇妙世界吧。在这个热带地区（Sous les tropiques），你还会看到凯门鳄、鬣蜥和吃人鱼。绝对能让你颤抖！

碧海蓝天

乘坐那种半船半潜水艇型的船只，可以把自己整个浸没在地中海里。隔着玻璃防护层，你可以清晰地看到海底深处以及自在遨游的各种鱼类。这一次，你自己就在"水族缸"里，是不是很过瘾！

美人鱼的国度

你见过美人鱼吗？别弄错了，不是指那种人们想象的一半女人、一半鱼的生物。真正的美人鱼，是一种住在温暖海底的哺乳动物，人们叫它海牛目！在卡斯特拉纳（Castellane）的美人鱼和化石博物馆里，你会对这种长得和海狮有点像的动物有更多了解！

你知道吗？ 远古时代，人们把美人鱼想象成一种一半女人、一半鸟的生物。到中世纪，美人鱼被想象成一半女人、一半鱼类的模样。

乌龟的天堂

你一定已经见过淡水龟了，这种体型娇小的乌龟就生活在法国南部。你见过直接从非洲进口、有豹纹斑点的乌龟或者俄国龟吗？还有其他很多种龟类，你都可以在贡法龙（Gonfaron）乌龟村庄一饱眼福。它们在这里生活得很好。

弗雷瑞斯（Fréjus）的动物园

河马、牛羚、鬣狗、牧羊犬、鸸鹋、红鹤……弗雷瑞斯的动物园里有很多种稀有动物！可以开车或者步行，穿过这个典型的地中海公园的林荫道。如果是夏季来这里旅行的话，不要错过公园里关于猫科动物的活动。

推荐活动地点

▶ **跟着驯鹿去旅行**
暂时忘记你在普罗旺斯。坐上由驯鹿拉着的雪橇四处转转，是不是感觉就像去了一趟挪威！
🏠 奥泽市（Auzet）的贝赫东农场（Ferme Béridon）
📞 04 92 35 05 57

▶ **热带地区**
尽情欣赏那些来自热带国家的五彩缤纷的蝴蝶吧。
🏠 Jungle aux Papillons
📞 04 93 33 49 49

▶ **海底世界**
这是观赏地中海各类生物的最理想方式。
🏠 Six-Fours-les-Plages
📞 06 62 11 72 89
🌐 www.aquavision.fr

▶ **乌龟村庄**
去追溯这个有趣的动物的足迹。要知道，几百万年以前，乌龟就已经存在了！
📞 04 94 78 26 41
🌐 www.villagetortues.com

沿着名人的足迹

普罗旺斯的面貌是由一些伟大的、或真实或虚拟的人物勾勒的。来这片他们深爱的土地，寻找他们的足迹吧！因为这里的人民懂得如何向他们致敬。

➤ 预知未来

你一定已经听说过诺查丹玛斯了。作为药剂师的鼻祖，他尤其以预测未来世界而闻名，他曾经预言亨利二世将死于一场比赛。果然，几年之后，预言就应验了。现在，你可以去普罗旺斯地区萨隆参观他住过的房子。这所房子被保护得很好，周围景色很漂亮。

➤ 达拉斯贡城的象征

最初是阿尔丰斯·都德笔下的人物，后来又被马瑟·巴纽改编成电影人物，他这是达拉斯贡城的达达兰。他已经成为普罗旺斯一个不可忽略的人物，他喜欢幻想，有点幼稚，爱吹牛，总是跟达拉斯贡城的居民们吹嘘自己如何勇斗狮子以及其他那些自己编造的英雄事迹！在为达达兰建造的房子里，人们布置了一些场景和穿着戏服的模特，用来营造小说里的氛围。

➤ 蜡像

普罗旺斯也有格雷万蜡像馆！在这里，你可以了解这个大区从古到今的所有历史和它的名人们。比如普罗旺斯15世纪的伯爵、善王荷内以及亚当德·卡拉普尼（Adam de Craponne），他于16世纪开凿了以他名字命名的运河，还有大作家马瑟·巴纽。

画家的工作室

去参观雷诺阿（Renoir）在普罗旺斯的工作室吧。这位印象派画家于1908年到达卡涅海滨（Cagnes-sur-Mer），他为家人建造了一座大房子，还为自己建造了一个工作室。工作室到现在还保留着他的一些画作和雕像作品。

普罗旺斯微缩模型

站在这个微缩模型前，你一下就能将普罗旺斯全貌和它的各种象征物揽入眼底。在用于装饰模型的彩色泥人像中，找一找马瑟·巴纽笔下的马里乌斯和恺撒的牌局以及阿尔丰斯·都德的磨坊。

推荐活动地点

▶ **对未来的预测**

王后凯瑟琳·德·美第奇和国王查尔斯九世就是来这里征求诺查丹玛斯的意见。诺查丹玛斯曾被任命为皇家顾问。

🏠 Salon de Provence

📞 04 90 56 64 31

🌐 www.salondeprovence.com/nostradamus

▶ **穿越历史**

在格雷万蜡像馆来一场穿越历史的旅行！

📞 04 90 56 36 30

🌐 www.salondeprovence.fr

▶ **猎杀狮子**

参观达达兰的房子，了解他传奇的人生。

📞 04 90 91 05 08

🌐 www.net-provence.com/tartarin-tarascon.htm

▶ **印象派画家**

参观完雷诺阿的房子和工作室后，别忘了去科莱特花园（Jardin des Collettes）散散步，里面参天的橄榄树值得一看。

🏠 Cagnes-sur-Mer

📞 04 93 20 61 07

🌐 www.net-provence.com/artistes/renoir.htm

▶ **普罗旺斯微缩模型**

仔细观察这个模型，里面隐藏着很多有趣的细节和场景！

🏠 Baux-de-Provence

📞 04 90 54 35 75

🌐 www.lapetiteprovenceduparadou.com

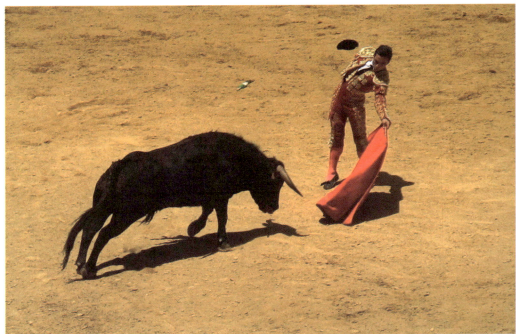

橄榄树

找出下面两幅画里的8处不同点。

水族馆

下面这些动物的名字都被分割成了两部分。把它们重新组合起来，填到表格合适的位置上。注意，字母E已经都填进去了。填完之后，认一认黄色格子组成的单词，它是哪种鱼呢？

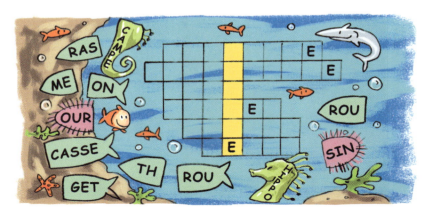

狂欢节

　　狂欢节里的人们都是按照藏在人群里的七只蝉唱歌的节奏来跳舞的。你有1分钟的时间来把它们都找到。所以，不要待在那里懒洋洋地晒太阳啦。知了知了知了……

香料

为了更好地了解每只蜜蜂酿出的蜜，请找出它们各自采的哪种植物的蜜，并按字母表的顺序把植物名字中的每个字母用前一个字母替换。最后，你只需要填一下每罐蜂蜜的标签。

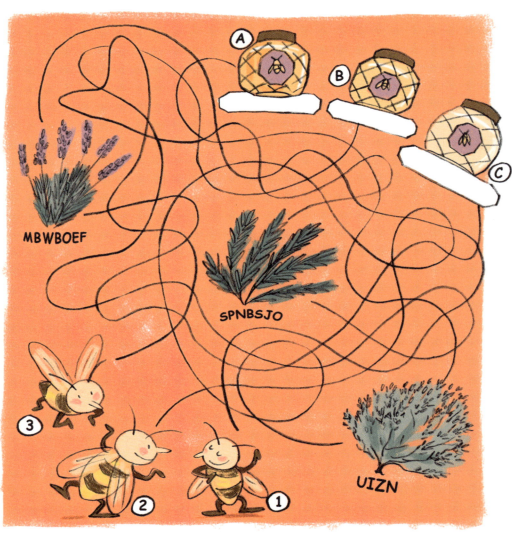

滚球游戏

下图这些选手都互相不同意对方说的。找出其中唯一一个不撒谎的，你就知道到底谁赢了比赛。

米斯特拉尔风

为了知道蟋蟀在说什么，猜一猜下面的画谜。

卡马格峡谷

依照右边表格里的译码，找出粉红色的火烈鸟跟它的邻居说了什么？

平底渔船

今天要刮米斯特拉尔风，渔船可趁此机会出海！依照表格周围的数字，把这些船摆放在地中海里。这些数字表示的是一只船或一只船的一部分横向或纵向所占的格子数。注意，任意两只船都不能互相碰到！

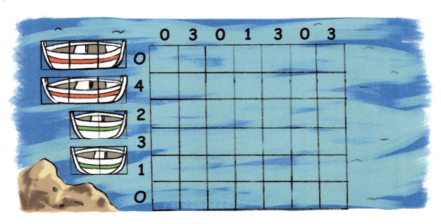

作画

凭借着丰富的颜色和独一无二的光线，普罗旺斯的景色吸引了很多画家，比如梵·高。为了弄清楚梵·高到底被什么吸引，把1至36、A至V、50至60以及1'至16'连在一起。

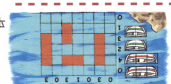

摆积木

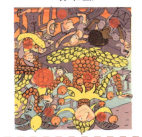

找双胞胎

旅行记事本

实际行程

> 度假时你乘坐的是哪种交通工具？和谁一起？

> 一路上你都看到了什么？有没有发生一些特别的事情？

旅行记事本

实时 记 录

❯ 度假期间，天气怎么样？

❯ 你做运动了吗？骑自行车？滑旱冰？骑马？跑步？

❯ 在普罗旺斯，你最喜欢哪个地方？为什么？

做你想做的事情，
这一页属于你！

你眼中的普罗旺斯

> 你对普罗旺斯的印象是怎样的?

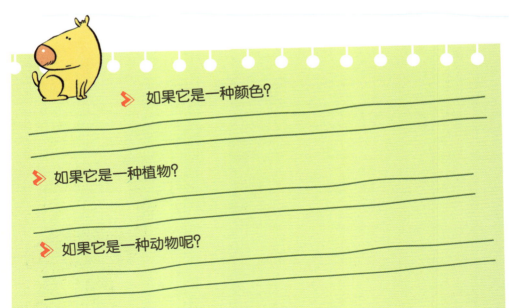

> 如果它是一种颜色?

> 如果它是一种植物?

> 如果它是一种动物呢?

❯ 你最喜欢普罗旺斯哪个城市?

❯ 你最喜欢的景点是?

画一画你眼中的普罗旺斯

旅行记事本

第一次经验

❯ 在这次旅行中，你有没有第一次单独做一些事情？

❯ 你有没有吃一些以前没吃过的食物？有没有你非常喜欢的菜肴？

❯ 你有没有发现有趣的动物或植物？

▶ 画一画你的旅行见闻！

旅行记事本

第一天
行程：

> 时间?

> 和谁一起?

> 花了多长时间? 吃了什么零食?

> 天气怎么样?

> 从哪里出发的?

> 你选择的是哪一种交通方式?

> 让你印象最深的事情是:

> 你参观博物馆了吗? 公园呢?

> 还去了哪些好玩的地方?

> 你有一些非常有趣的发现吗?

81

> 你学会一些新的法语词汇了吗?

> 你有没有遇到有趣的人?

> 你交到新朋友了吗? 他（她）是谁? 你们是在哪里认识的? 他（她）怎么样?

把你的照片、各种票据贴在这里，也可以画一画你喜欢的东西……

旅行记事本

第二天
行程：

> 时间?

> 和谁一起?

> 花了多长时间? 吃了什么零食?

> 天气怎么样?

> 从哪里出发的?

> 你选择的是哪一种交通方式?

> 让你印象最深的事情是:

> 你参观博物馆了吗? 公园呢?

> 还去了哪些好玩的地方?

> 你有一些非常有趣的发现吗?

> 你学会一些新的法语词汇了吗?

> 你有没有遇到有趣的人?

> 你有结交新朋友吗? 如果有的话,他(她)是谁? 你们在哪里认识的? 他(她)怎么样?

把你的照片、各种票据贴在这里,也可以画一画你喜欢的东西……

旅行记事本

第三天
行程 ：

> 时间?

> 和谁一起?

> 花了多长时间? 吃了什么零食?

> 天气怎么样?

> 从哪里出发的?

> 你选择的是哪一种交通方式?

> 让你印象最深的事情是:

> 你参观博物馆了吗? 公园呢?

> 你有一些非常有趣的发现吗?

> 你学会一些新的法语词汇了吗?

> 你有没有遇到有趣的人?

> 你交到新朋友了吗? 他（她）是谁? 你们是在哪里认识的? 他（她）怎么样?

把你的照片、各种票据贴在这里，也可以画一画你喜欢的东西……

旅行记事本

第四天
行程：

❯ 时间?

❯ 和谁一起?

❯ 花了多长时间? 吃了什么零食?

❯ 天气怎么样?

❯ 从哪里出发的?

❯ 你选择的是哪一种交通方式?

❯ 让你印象最深的事情是:

❯ 你参观博物馆了吗? 公园呢?

❯ 还去了哪些好玩的地方?

❯ 你有一些非常有趣的发现吗?

❯ 你学会一些新的法语词汇了吗?

❯ 你有没有遇到有趣的人?

❯ 你交到新朋友了吗? 他（她）是谁? 你们是在哪里认识的? 他
（她）怎么样?

把你的照片、各种票据贴在这里，也可以
画一画你喜欢的东西……

旅行记事本

第五天
行程 :

❯ 时间?

❯ 和谁一起?

❯ 花了多长时间? 吃了什么零食?

❯ 天气怎么样?

❯ 从哪里出发的?

❯ 你选择的是哪一种交通方式?

❯ 让你印象最深的事情是：

❯ 你参观博物馆了吗? 公园呢?

❯ 还去了哪些好玩的地方?

❯ 你有一些非常有趣的发现吗?

> 你学会一些新的法语词汇了吗?

> 你有没有遇到有趣的人?

> 你交到新朋友了吗? 他（她）是谁? 你们是在哪里认识的? 他（她）怎么样?

把你的照片、各种票据贴在这里, 也可以画一画你喜欢的东西……

第六天
行程：

➤ 时间?

➤ 和谁一起?

➤ 花了多长时间? 吃了什么零食?

➤ 天气怎么样?

➤ 从哪里出发的?

➤ 你选择的是哪一种交通方式?

➤ 让你印象最深的事情是:

➤ 你参观博物馆了吗? 公园呢?

➤ 你有一些非常有趣的发现吗?

> 你学会一些新的法语词汇了吗?

> 你有没有遇到有趣的人?

> 你交到新朋友了吗? 他（她）是谁? 你们是在哪里认识的? 他（她）怎么样?

把你的照片、各种票据贴在这里，也可以画一画你喜欢的东西……

旅行记事本

最美好的回忆

❯ 记下这次旅行中最美好的五段回忆。

做你想做的事情，
这一页是属于你的！

票据 拼贴

>> 贴上你去过的博物馆和公园的门票以及电影票，或者你去过的餐馆的名片！

吃货的餐厅
餐馆

丝般的画笔
博物馆

博物馆
香料面包的秘诀

电影院
金汤勺

猪肉
餐馆

公园
鹳的花园

电影院
金汤勺

博物馆
面包的秘诀

吃货的餐厅
餐馆

最美的照片

> 贴上你最喜欢的照片……

旅行记事本

❯❯ 这一页属于你，想做什么就做什么吧！

索引

在随书附赠的地图上也可以找到这些景点。

帮助你轻松快速地找到文中所提到的城市和村庄。

小小环保
旅行家

> 无论在城市还是在其他地方，我们总能在保护环境方面做得更好！可以通过一些小的细节来保护大海、陆地、植物和动物，最终保护我们自己！

散步的时候

迈开双腿走起来……记得走路时要抬起头！一路走着，呼吸城市的气息，你会奇妙地发现，散步的感觉很与众不同！

你也可以和父母一起骑自行车来游览。既可以骑行在自行车道上，也可以穿行于公园的小路上。骑自行车很环保，而且你还可以做做运动，太完美了！

在路上

不要乱丢垃圾到地上，或者排水沟里、河海里面。纸张、门票、空的瓶子、易拉罐、食物残余、塑料包装袋……把它们都扔到几乎随处可见的垃圾桶里。

不要给鸽子或者其他鸟类喂食：它们自己生活得很好！

在公园里

要爱护花草树木：你可以走近去观察它们，但是不要伤害它们，或者进行采摘！

不要在树干上挂任何东西，也不要在树皮上刻你的名字。这种行为对树木伤害很大！

如果野餐的话，离开时，记得随手带走垃圾。如果觉得脏乱，请稍微整理打扫一下。

在博物馆里

不要用手触摸博物馆里展出的作品。用眼睛去观察它们！

如果你有同伴……

如果你带着你的宠物一起散步，不要忘了随身带一个塑料袋，用来装它的粪便。

不管你是在家里还是在外度假，永远记得要给垃圾分类。

让·米歇尔·比优德（Jean-Michel Billioud）已经编著了六十多部青少年丛书。作为土生土长的马赛人，他在本书中耐心地跟你讲述了他无比熟悉的家乡！

图书在版编目(CIP) 数据

普罗旺斯·蓝色海岸 / (法) 比尤德著；肖颖译. —— 武汉：崇文书局, 2016.5
（爸妈带我看世界）
ISBN 978-7-5403-4109-1

Ⅰ.①普… Ⅱ.①比… ②肖… Ⅲ.①旅游指南－法国－儿童读物 Ⅳ.① K956.59-49

中国版本图书馆CIP数据核字(2016)第073241号

Graines de Voyageurs Provence et Côte d' Azur : Copyright © 2012, Editions Graine 2

The simplified Chinese translation rights arranged through Rightol Media
(Email:copyright@rightol.com) and the Picture Book Agency
(Email: stephanie@thepicturebookagency.com)

出版发行：长江出版传媒　崇文书局有限公司
地址：武汉市雄楚大街268号·湖北出版文化城C座11层　430070
营销电话：027-87393855　　传真：027-87679712
印刷：湖北新华印务有限公司
开本：880mm×1260mm　1/16　印张：7
版次：2016 年5 月第1版　2016 年5 月第1次印刷
定价：28.00 元